Florian Schneider

Was ist Soziologie?

Eine Ausarbeitung zu Norbert Elias' gleichnamigem Werk

GRIN Verlag

Bibliografische Information der Deutschen Nationalbibliothek:

Die Deutsche Bibliothek verzeichnet diese Publikation in der Deutschen National-
bibliografie; detaillierte bibliografische Daten sind im Internet über http://dnb.d-
nb.de/ abrufbar.

Impressum:

Copyright © 2006 GRIN Verlag GmbH
Druck und Bindung: Books on Demand GmbH, Norderstedt Germany
ISBN: 978-3-638-89520-0

Dieses Buch bei GRIN:

http://www.grin.com/de/e-book/83208/was-ist-soziologie

GRIN - Your knowledge has value

Der GRIN Verlag publiziert seit 1998 wissenschaftliche Arbeiten von Studenten, Hochschullehrern und anderen Akademikern als eBook und gedrucktes Buch. Die Verlagswebsite www.grin.com ist die ideale Plattform zur Veröffentlichung von Hausarbeiten, Abschlussarbeiten, wissenschaftlichen Aufsätzen, Dissertationen und Fachbüchern.

Besuchen Sie uns im Internet:

http://www.grin.com/

http://www.facebook.com/grincom

http://www.twitter.com/grin_com

Universität Karlruhe (TH)
Institut für Soziologie, Medien- und Kulturwissenschaft
Proseminar: Die Soziologie von Norbert Elias
WS 2005/2006

„Was ist Soziologie?"

Schriftliche Ausarbeitung zu Norbert Elias' gleichnamigem Werk

Florian Schneider
Germanistik (M.A.)
2. Fachsemester

I

Inhaltsverzeichnis

1. Einführung

Diese Arbeit möchte einen kurzen Abriss über Norbert Elias' Werk *Was ist Soziologie?*, das 1970 erschienen ist, geben. Neben Begriffen und Denkansätzen, die heute aus der Soziologie nicht mehr wegzudenken, versteht es Elias das komplexe Feld verständlich zu umreißen. So gelingt es ihm, einen Beitrag zur Etablierung dieses Fachgebietes im allgemeinen Wissenschaftsbetrieb einmal mehr zu verankern.

Grundsätzlich beschäftigt sich die Soziologie mir den Problemen der Gesellschaft und der Vergesellschaftung, so dass man sie auch als Menschenwissenschaft bezeichnet. Elias klärt in diesem Zusammenhang in seinem Werk Begrifflichkeiten, die die Soziologie betreffen. Es geht hierbei zuerst um die Differenzierung von Individuum und Umwelt. Allerdings wird dabei oft vergessen, dass das Individuum zwangsläufig Teil seiner Umwelt ist, und sie mit ihr teilt[1]. Bereits in dieser kleinen Differenzierung zeigt sich der fundamentale Ansatz, um den es hier geht: Zwar muss das Individuum als solches gesehen werden, ohne sein Umfeld, seine Umwelt kann eine Analyse oder Interpretation aber nicht geschehen.

> Daher kommt es auch, daß die gesellschaftliche Entwicklung des Denkens und Sprechens über die Zwangsläufigkeiten des Naturgeschehens als soziologisches Forschungsproblem bisher vernachlässigt worden ist.[2]

Dabei sind Denken und Sprechen die fundamentalen Parameter, die den Menschen auszeichnen. Früher ging es um philosophische Erkenntnisformen und -gewinnung, wodurch die Soziogenese oder Psychogenese blockiert wurde, weil der allumfassende Blickwinkel ausgeklammert wurde. Elias geht es also um „eine Umorganisation der Wahrnehmung und des Denkens vieler interdependenter Menschen in einer Gesellschaft."[3]Hin also zu einer Umorientierung der Gesellschaft zu einer neuen Sprech- und Denkweise. Der Mensch versucht mittels Sprache, von sich ausgehend, Probleme zu lösen. Zur Lösung dieser Probleme sieht Elias unterschiedliche Ansatzmöglichkeiten, denn

> [...] der gesellschaftliche Denk- und Sprechapparat [stellt uns] zur Bewältigung dieser Denk- und Kommunikationsaufgaben entweder nur Modelle naiv egozentrischer, also mythisch-magischer Art oder naturwissenschaftliche Modelle zur Verfügung"[4]

Hier zeigt sich dann bereits, mit welchen definitorischen Schwierigkeiten man umgehen muss, nämlich der Frage, auf welche der genannten Ansätze man seine Studien aufbaut. Sinnvoll sollte aber ein System sein, dass unter Umständen in der Lage ist, beide Methoden intelligent

---

[1] Vgl. Norbert Elias: Was ist Soziologie? Weinheim und München 2004. S. 9
[2] ebd. S. 16.
[3] ebd. S. 18.
[4] ebd. S. 14.

miteinander zu verknüpfen, um so genaue und dabei wissenschaftlich fundierte Aussagen über den Menschen und die Gesellschaft, in der er lebt, treffen zu können. So kommt Elias dann bereits auf den ersten Seiten seiner Einführung zu einer prägenden Aussage, die die Zuständigkeiten und die Deutungsansätze der Soziologie treffend charakterisiert:

> Zu den Aufgaben der Soziologie gehört es also nicht nur, die spezifischen Zwangsläufigkeiten zu untersuchen und zu erklären, denen sich Menschen in bestimmten empirisch beobachtbaren Gesellschaften und Gruppen oder in Gesellschaften überhaupt ausgesetzt finden, sondern auch, das Denken und Sprechen über solche Zwangsläufigkeiten von seiner Bindung an heteronome Vorbilder zu lösen und statt der Wort- und Begriffsbildungen, deren Gepräge auf magisch-mythische oder auf naturwissenschaftliche Vorstellungen zurückgeht, allmählich andere zu entwickeln, die der Eigenart der von Individuen gebildeten gesellschaftlichen Figurationen besser gerecht werden.[5]

Die Einführung dieser Figurationen wird uns im Laufe dieser Arbeit intensiv beschäftigen. Zuerst möchte ich allerdings, Elias' Gliederung folgend, einen kurzen Exkurs zu Auguste Comte (1798-1857), der als Begründer des philosophischen Positivismus gilt, geben. In diesem Kontext muss jedoch der Begriff ‚positiv' als Synonym für wissenschaftlich gesehen werden.

> Es war eines der Leitmotive der Comteschen Wissenschaftstheorie, daß die wissenschaftliche Arbeit auf der unablösbaren Verbindung von Zusammenfassung und Einzelbeobachtung, von Theoriebildung und Empirie beruhe.[6]

Dem muss man natürlich grundsätzlich zustimmen, denn erst durch die Kombination von Beobachtung realer Bedingungen und geistiger Weiterentwicklung und Evozierung der Problemstellungen, gelangt man zu wissenschaftlich abbildbaren Ergebnissen. Comtes Problemstellung lässt sich hierbei in drei Punkte aufteilen: So versuchte er erstens, eine soziologische Denk- und Wissenschaftstheorie entwickeln; zweitens, die physikalische, biologische und soziologische Wissenschaftsgruppe zueinander in Beziehung zu setzen; und drittens, darauf basierend der Soziologie eine relative Autonomie in Bezug zur Physik und Biologie zu verschaffen, wobei ihm daran gelegen war, für jede dieser Disziplinen eigene, ihrer Sache entsprechende, Verfahrensweisen zu entwickeln.[7]

Ganz entscheidend bei dieser Herangehensweise ist die Autonomie, die dabei zwischen den Naturwissenschaften sowie der Gesellschaftswissenschaft geschaffen wird. Es wird gesagt, dass Comte den Begriff Soziologie erfunden hat, weil er erkannte, dass die Wissenschaft von der Gesellschaft einen ganz neuen Namen brauchte, den man nicht unter Biologie oder Physik subsumieren konnte. Denn die wichtige Fragestellungen dieser Zeit waren eben: Wohin gehen

---

[5] Norbert Elias: a.a.O.: S. 15.
[6] ebd. S. 34.
[7] Vgl. Norbert Elias: a.a.O.:S. 35.

wir? In welche Richtung geht die Gesellschaft? Diese Fragen sind grundsätzlich an das Denken, den Geist und die Vernunft gebunden, so dass Comtes Ansätze bedingt durch die Zeit, zu neuer Aktualität gelangen konnten. Elias äußert sich diesbezüglich:

> Der Übergang von der philosophischen zur soziologischen Theorie der Erkenntnis und der Wissenschaft, den Comte vollzog, zeigt sich also zunächst einmal darin, daß er als „Subjekt" der Erkenntnis nicht den einzelnen Menschen, sondern die menschliche Gesellschaft ansetzte.[8]

Diese Aussage ist sehr treffend und wichtig, denn sie zeigt eben, dass das Subjekt als solches auch zur primäre Grundlage der Forschung gemacht und akzeptiert wird. Mit anderen Worten: „[…] die Vorstellung vom Subjekt des Denkens [wird] soziologisiert."[9]

Man kann aber auch zusammenfassend feststellen, dass sich mit Comte ein Wandel vom „nichtwissenschaftlichen zum wissenschaftlichen Erkennen"[10] vollzogen hat. Für ihn wurde genau dieser Ansatz zur entscheidenden Fragestellung seiner Untersuchungen, wobei er davon überzeugt war, dass jede wissenschaftliche Erkenntnis aus nichtwissenschaftlicher Erkenntnis hervorgehe.[11] Dabei durchläuft sie drei Stadien: Erstens, das theologische oder fiktive, zweitens, das metaphysische oder abstrakte, und drittens, das wissenschaftliche oder eben positive Stadium. Dabei ist essentiell, dass ohne das theologische oder religiöse Stadium, das immer Grundlage und Ausgangspunkt damaliger Erkenntnis war, wissenschaftliche Erkenntnisse nicht möglich gewesen wären. Denn der Mensch muss Beobachtungen machen, um Theorien formen zu können. Gleichzeitig muss er aber auch Theorien haben, um beobachten zu können, sonst wäre man in einem Teufelskreis gefangen gewesen.[12]

Genauso wie sich das Wissen der Menschen im Laufe der Zeit verändert, unterliegt auch die Wissenschaft, beziehungsweise die Anwendung tradierter, überlieferter Wissensgegenstände einem historischen, technischen und gesellschaftlichen Wandel. Grundsätzlich jedoch vergrößert sich über die Zeit der Wissensschatz. Hierin liegt aber genau ein Problem für Comte: „Man akzeptiert es als selbstverständlich, daß etwas Unwandelbares, das sich in oder hinter allem Wandel entdecken läßt, einen höheren Wert besitzt, als der Wandel selbst."[13] Daraus resultiert nämlich die Annahme, dass es unveränderliche Wert- und Denkformen gäbe und wissenschaftlich fortschrittliches Denken könne dadurch gehemmt werden. Traditionalistisch begründet könnte man auch konstatieren, dass hier dann häufig die Verwechselung von Tat-

---

[8] ebd. S. 37.
[9] ebd. S. 37.
[10] Kapitelüberschrift Norbert Elias: a.a.O.:S. 37
[11] Vgl. Norbert Elias: a.a.O.: S.38.
[12] Vgl. Norbert Elias: a.a.O.: S. 40.
[13] ebd. S. 42

sache und Ideal vorliegt. Dennoch ist es, mit maßgeblicher Hilfe Comtes, gelungen, der Soziologie seinerzeit eine gewisse Selbständigkeit zu verschaffen.

> Es war die Einsicht in die relative Autonomie des Gegenstandsbereichs der „Soziologie", die den entscheidenden Schritt zur Konstituierung der Soziologie als einer relativ autonomen Wissenschaft darstellte.[14]

Dass dies kein leichter Prozess ist, zeigt sich auch noch heute, wenn immer wieder versucht wird, „die Struktur gesellschaftlicher Prozesse auf biologische oder psychologische Strukturen zu reduzieren"[15].

Dennoch muss man ohne Zweifel feststellen, dass es Auguste Comte war, der den Weg von einer philosophischen zu einer soziologischen Wissenschafts- und Erkenntnistheorie einleitete.

2.   Die Spiele-Modelle

Die nun folgenden Abschnitte beschäftigen sich mit den so genannten Spiele-Modellen. Mit ihnen gelingt es Elias eigentlich komplexe, gesellschaftliche Zusammenhänge anhand einfacher Modelle zu verdeutlichen. Grundlage hierbei ist eine gewöhnliche Spielsituation, wie wir sie von einfachen Kartenspielen oder Gesellschaftsspielen kennen. Behält man dieses Muster im Hinterkopf, ist die Erschließung der folgenden Figurationen – der Begriff, der nun die entscheidende Rolle spielen wird, und den Elias über die Spiele-Modelle einführt – relativ einfach.

Zuerst gilt es aber noch einige grundsätzliche Überlegungen anzuführen. Hier muss die Fragestellung zitiert werden, die Elias anbringt:

> Wie ist es möglich, daß Menschen kraft ihrer Interdependenzen, auf Grund der ständigen Verflechtungen ihrer Handlungen und Erfahrung, miteinander einen Typ des Zusammenhangs bilden[…]?[16]

Mit anderen Worten: Wie normieren sich Gesellschaften, Interdependenzen, Verhältnisse untereinander? Kann man überhaupt von Normen sprechen? Wie sind sie strukturiert? Zur Verdeutlichung dieser Fragen dienen eben die Modelle, die man sich wie Spiele vorstellen muss, wobei Menschen ihre Kräfte messen. Dieses ‚sich-untereinander-messen' passiert nämlich immer, wenn Menschen aufeinander treffen und in Beziehungen bzw. Interdependenzen stehen. Daraus resultieren dann größere und kleinere Machtproben, sei es nun lediglich bei einem einfachen Kartenspiel oder in einem großen komplexen gesellschaftlichem System. Entscheidend ist dabei die Macht – und zwar losgelöst vom martialischen Gewaltbegriff –, die

---

[14] ebd. S. 46.
[15] ebd. S. 46.
[16] Norbert Elias: a.a.O.: S. 75.

die Spieler oder Kontrahenten gegenseitig ausüben. Wenngleich der Terminus *Macht* auch von Elias benutzt wird, bin ich der Ansicht, dass er hier sehr vorsichtig und vor allem unmissverständlich gebraucht werden muss. Die Schwierigkeiten mit dem Begriff werden uns auch im Folgenden immer wieder begegnen, ohne dass es dafür ein geeignetes Substitut gibt. Denn es geht dabei um Einflussnahme, Druck, der auf den Mitspieler ausgeübt wird, ja manchmal sogar Zwang, und – um es mit einem Anglizismus zu beschreiben – um ‚Power', aber gleichzeitig auch subtile und unbewusste Richtungsweisung. Kurz: mit Macht wird hier ein hochkomplexer Sachverhalt beschrieben, der durch die komplexe Situation, in die er situiert wird, und die er beschreiben soll, nicht definitiv klassifiziert werden kann.

Es geht bei den folgenden Spiele-Modellen um die Machtbalance zwischen mindestens bipolaren Kräften, sowie der fluktuierende Machtbalance, wenn sich bestimmte Voraussetzungen oder ‚Spielparameter' ändern. Wie unterschiedlich solche Parameter sein können, und welche Situationen und Resultate sich daraus ableiten lassen – und nicht zu vergessen – welche spezifische Macht eingesetzt wird, sollen die folgenden Modelle zeigen:

2.1. Vor-Spiel: Modell einer unnormierten Verflechtung

Im ersten, dem einfachsten, Modell treffen sich in einem urzeitlichen Milieu zwei Stämme. Stamm A ist flink und behände, Stamm B hingegen behäbig und langsam. Beide Stämme sind auf der Jagd und der Suche nach Nahrung. Weil die Zeiten rau sind, entbrennt zwischen beiden Stämmen Konkurrenz und Feindschaft. Eines Nachts töten die flinken Mitglieder des Stammes A Angehörige von Stamm B. Die Überlebenden von Stamm B rächen sich hingegen tags drauf, wenn die Männer von Stamm A auf der Jagd sind, und töten deren Frauen und Kinder.

Für beide Stämme ergibt sich so ein spezifischer Verflechtungsprozess: Man muss auf den Zug des anderen reagieren. Die Interdependenzen üben den Zwang aus. Ihre Handlungen als singuläres Phänomen, nämlich andere zu töten, weil die Nahrung knapp wird, beziehungsweise Frauen und Kinder im Gegenzug anzugreifen, kann man nicht kausal erklären. Erst wenn man die bilateralen Zwänge, nämlich Feinde zu sein, zugrunde legt, wird es verständlich. Dabei dient nun die Feindschaft als Funktion. Hier wird schon deutlich, dass der Funktionsbegriff aber relativ ist, denn man muss die Umstände kennen, um ihn zu bestimmen. Es handelt sich aber immer um ein Verhältnis zueinander, das wiederum unter oben beschriebenen Voraussetzungen Macht ausübt. Dabei ist es dann auf andere Situation und Figurationen über-

tragbar; es spielt also keine Rolle, ob es sich um Stämme, Ehepartner, das Verhältnis von Eltern zu ihrem Kind oder das vom Angestellten zu seinem Vorgesetzten usw. handelt.

In unserem einfachen Fall, wo es zwischen den Stämmen keine gemeinsamen Normen gibt,
an den sie sich orientieren können, richtet jede Seite ihre Vorstellung an den Machtmitteln aus,
die der anderen Seite zur Verfügung stehen (Stärke, Waffen, Schläue, usw.). Daraus ergeben
sich dann immer neue Aktions- und Reaktionsgefüge (man kann auch sagen: Figurationen),
die auf der jeweils eingesetzten Macht des anderen basieren.

2.2. Modell normierter Verflechtungen

Halten wir uns das oben skizzierte einfache Vor-Spiel vor Augen, gelingt es leicht, andere
und komplexere Situationen zu entwickeln, die dann dem heutigen Menschen- und Gesell-
schaftsbild angepasst werden können.

2.2.1. Zweipersonenspiele

Beginnen wir aber noch einmal einfach mit lediglich zwei Mitspielern, die allerdings mit unterschiedlichen Fähigkeiten und Voraussetzungen, was wiederum unter dem Terminus Macht
subsumiert wird, ausgestattet sind.

Stellen wir uns also vor, Spieler A sei stärker als Spieler B. Daraus folgt, dass A Kontrolle
über B Spielzüge hat. Er kann ihn so zu gewissen Spielzügen zwingen; er hat die Macht dazu.

Allerdings verfügt auch B, wie schwach er auch sein mag, auch über ein gewisses Machtpo-
tential. Denn hätte er dies nicht, wäre das Spiel aus. Dennoch: A ist der starke Spieler, der
durch die Macht, die er auf B ausübt, folglich auch die Macht über das gesamte Spiel, und
wenn man diese Situation auf eine konkrete zwischenmenschliche Beziehung bezieht, die
Macht über den gesamten (Beziehungs-)Prozess hat.

Ist die Macht zwischen A und B jedoch gleichmäßig verteilt, ergibt sich eine neue, interessan-
te Konstellation. Ganz gleich, wie es zu dem Kräfteangleich gekommen ist, beide Spieler sind
gezwungen (und man erkennt, dass sich hier wiederum eine neue Dimension von Macht auf-
tut), mehr und vor allem aktiver zu agieren. Jetzt ist die richtige Reaktion auf die Handlungen
des anderen von entscheidender Bedeutung, jetzt wird eine Art Gesamtplan des Spiels wichtig.

Mit anderen Worten: der Spielprozess, und seine tatsächliche Entwicklung, ist entscheidend
für das Kräfteverhältnis, das es zu erhalten gilt. In diesem Zweipersonenspiel „gewinnt das

Spiel den Charakter eines sozialen Prozesses und verliert den Vollzug eines individuellen Plans"[17].

2.2.2. Vielpersonenspiele auf einer Ebene

Um die Komplexität des Modell zu steigern, erweitern wir jetzt die Anzahl der Spieler und gehen wieder an den Anfang zurück: A steht als starker Spieler mehreren schwachen Spielern B, C, D gegenüber. Im Grunde handelt es sich um eine Serie von drei Zweipersonenspielen, die durch die Macht von A kontrolliert werden. Offensichtlich ist hierbei, dass die Machtverteilung in diesem Spiel eindeutig ungleich ist, und das hat zur Folge, dass das Spiel zwar stabil bleibt, dabei aber unelastisch ist.

Elastischer wird die Situation, wenn sich nun die Spieler B, C und D zusammenschließen und verbünden. Daraus resultiert zwangsläufig eine Schwächung des Machtapparates von A. Die Eindeutigkeit und Vorhersehbarkeit des Spiels verringert sich, denn die Gruppe übt nun wiederum größere Macht, oder besser, stärkeren Widerstand auf A aus. Natürlich sind in dieser Situation verschiedene Konstellationen möglich, klar ist jedoch, dass insbesondere in der Gruppe B+C+D wiederum spezifische Machtverhältnisse untereinander entstehen können, die dann durch entstehende Spannungen A wiederum stärken können. Man kann deshalb bereits in dieser Spielsituation von multipolaren oder Mehrpersonenspielen sprechen.

Kurz erwähnt werden soll der Fall, dass die Gruppe B+C+D gleichstark wie Spieler A ist. In diesem Fall haben wir die Situation wie im ausgeglichen Zweipersonenspiel. Voraussetzung ist allerdings, dass innerhalb der Gruppe kein Streit, also Machtkampf, entsteht.

Als letztes Modell eines Vielpersonenspiels gibt es auch noch die Konstellation zweier oder mehrerer gleichstarker Gruppen B,C,D und X,Y,Z usw. Hier vollziehen sich die Aktionen Zug um Zug, wobei der Spielprozess weder vom einzelnen Spieler noch von einer der spielenden Gruppen bestimmbar wird. Der Spielprozess vollzieht sich nach einer gewissen Ordnung, die sich bestimmen und erklären lässt

> Es handelt sich um eine Ordnung spezifischer Art, eben eine Verflechtungs- oder Figurationsordnung, innerhalb deren kein Akt der einen Seite allein als Akt dieser einen Seite zu erklären ist, sondern allein als Fortsetzung der vorangehenden Verflechtungen und der erwarteten zukünftigen Verflechtungen von Akten beider Seiten. [18]

---

[17] Norbert Elias: a.a.O.: S. 85.
[18] Norbert Elias: a.a.O.: S. 87.

7

2.2.3. Vielpersonenspiele auf mehreren Ebene

Um die Spiel-Modelle der tatsächlichen gesellschaftlichen Struktur noch weiter zu nähern, bringt Elias nun weitere Ebenen, beziehungsweise Gesellschaftsschichten mit ins Spiel: Die Zahl der beteiligten Spieler nimmt immer zu, was zur Folge hat, dass sich der Druck auf die anderen erhöht, sich Beziehungen und Gruppenzusammensetzungen ändern, und der einzelne Spieler länger warten muss, bis er am Zug ist. Ein prägnantes Resultat daraus ist, dass die Übersicht für alle Spieler nachlässt Jeder Spieler braucht aber ein einigermaßen klares Bild, das im zeigt, wie sich seine Figuration im interdependenten Zusammenspiel mit den anderen Spielern darstellt. Weil aber die Sicht begrenzt ist, wenn die Zahl der interdependenten Spieler – und damit auch der Figurationen wächst – wird die Situation für den Einzelnen unkontrollierbar.

Die Spieler müssen nun erkennen, dass das Spiel immer schlechter und schlechter funktioniert. Der Druck auf die Spieler wächst; es ist ein Druck in eine spezifische Richtung mit folgenden Möglichkeiten: Es kommt zu Desintegration der Spielergruppen, sie zersplittern und agieren entweder alleine und unabhängig von den anderen für sich, oder bilden neue interdependente Figurationen aus, die wiederum rivalisieren. Möglich ist zudem, dass aus einer einstöckigen Gruppe bildet sich eine zwei- oder sogar mehrstöckige Gruppe bildet.

Dieses zweistöckige Modell nennt Elias den Oligarchischen Typ. Bei diesem Spiel-Modell bleiben alle Spieler interdependent, aber sie spielen nicht mehr alle direkt miteinander. Diese Funktion übernehmen spezielle Funktionäre, die das Spiel jetzt koordinieren. Übertragen auf Gesellschaften sind es Repräsentanten, Führer, Regierungen usw. Sie bilden eine zweite Gruppe, den zweiten Stock. Dieser zweite Stock wiederum spielt mit dem zweiten Stock einer anderen Spielergemeinschaft, die sich so vertreten lassen.

Jetzt sind allerdings wieder große und kleine Machtdifferentiale zwischen und unter den Gruppen oder Stöcken möglich. Das Spiel besitzt nun eine hohe Komplexität, die „keinem Individuum die Möglichkeit läßt, das Spiel kraft seiner eigenen Überlegenheit entsprechend eigenen Zielen und Wünschen zu lenken"[19]. Daraus ergeben sich Bündnisse, Kooperationen und Rivalitäten in den Stockwerken. D.h. auf jeweils einer Ebene bilden sich neue Machtverhältnisse aus. Es ist ein komplexes Räderwerk entstanden.

Aus dem beschrieben Spiel lässt sich nun auch das Modell des Vereinfachten Demokratisierungstyps ableiten: Hierbei wird der 1. Stock stärker, was eine Dynamisierung zur Folge hat,

---

[19] NE S. 91

die das Spiel wieder elastischer macht. Es wird nun insbesondere für die obere Schicht unübersichtlicher und weniger vorhersehbar. Die Gesamtfiguration des Spiels wird komplexer: Die Vorstellung der Spieler von ihrem Spiel, ihre Ideen verändern sich.

> Statt den Spielverlauf auf einzelne Spielzüge einzelner Menschen zurückzuführen, wächst unter ihnen langsam die Tendenz, unpersönliche Begriffe zur gedanklichen Bewältigung ihrer Spielerfahrung zu entwickeln, die der relativen Autonomie des Spielprozesses gegenüber den Absichten der einzelnen Spieler in höherem Maße Rechnung tragen.[20]

2.3. Zusammenfassung der Modelle

Zusammenfassend lässt sich sagen, dass es Elias gelungen ist, durch Zuhilfenahme der Spielmodelle, auf einfache Art und Weise komplexe gesellschaftliche Figurationen modellhaft darzustellen. Hier wird deutlich, dass es insbesondere das Faktum der Macht ist, das in die Betrachtung soziologischer Arbeit miteinbezogen werden muss. Allerdings muss man auch zugestehen, dass es schwierig ist, Machtfragen losgelöst von Emotionen zu erörtern, was ich aber eingangs schon mit den Erläuterungen zum Terminus *Macht* versucht habe.

Es zeigt sich aber auch, dass Entwicklungen eintreten können, die keiner der Spieler vorausgesehen hat. Negativ ausgedrückt: der Spielverlauf ist nicht in der Macht irgendeines Spielers. Positiv ausgedrückt: Der Spielverlauf seinerseits hat Macht über das Verhalten und Denken der Spieler.

Die Modelle schließen ebenfalls Entflechtung und Desintegration ein. Sie beziehen sich auf das, was wir Gesellschaft nennen. Die Schwierigkeiten die daraus erwachsen sind Komplexe wie ‚Der Mensch und seine Umwelt' oder sein ‚gesellschaftlicher Hintergrund'.

> Man denke an die Spielmodelle. Es würde niemanden einfallen, den Spielprozeß, an dem ein Spieler mitwirkt, als „Umwelt", als „Milieu" oder als „Hintergrund" des Spielers zu bezeichnen. Die immer wiederkehrende Entgegensetzung von „Individuum" und „Gesellschaft", die es so erscheinen läßt, als ob es in irgendeinem Sinne Individuen ohne Gesellschaft und Gesellschaften ohne Individuen gäbe, erweist sich im Lichte solcher Verflechtungsmodelle als höchst fragwürdig[21]

Kurz: Wir dürfen die unterschiedlichen Bereiche nicht voneinander losgelöst betrachten, sondern müssen, analog zu Comtes Ansatz, den Gesamtkomplex als solchen mit in die Beobachtungen einbeziehen. Mit Flexibilität muss jeder, der sich auf dem Feld der Soziologie beschäftigt, die jeweils gültige Figuration erkennen und entsprechend interpretieren. Denn der Menschen und seine Umwelt verändern sich. Darin begründet liegt einer der Konflikte zwischen der Biologie, einer Naturwissenschaft, und der Soziologie. Denn verwendet man *Natur* als statischen Begriff, so charakterisiert dies in Bezug auf den Menschen seine Wandelbarkeit.

---

[20] Norbert Elias: a.a.O.: S. 95.
[21] ebd. S. 103.

Sich zu entwickeln, liegt in der Natur des Menschen.[22] Und genau hier liegt ein fundamentaler Unterschied, und man betritt das Feld der Evolution, die von den unterschiedlichen Disziplinen unterschiedlich angewandt wird: Man sagt, dass sich das Verhalten der Tiere ändert, wenn sich biologische, also umweltbasierte, Bedingungen verändern. Der Mensch kann sich ändern, ohne dass sich die biologische Konstitution oder seine Gattung ändern muss. So beruht die Wandlung der vorindustriellen europäischen Gesellschaft in die industrielle Gesellschaft eben nicht auf einem Wandel der Menschengattung an sich, also seiner biologischen Struktur, sondern auf der Weiterentwicklung seiner intellektuellen Fähigkeiten in Anpassung an Umwelt und Zeit. Der Grund hierfür ist, dass der Mensch weniger von eingeborenen Antrieben (Instinkten) und mehr von individuellen Erfahrungen und den daraus resultierenden Lernprozessen geprägt ist.[23] Der Mensch muss lernen, um zu überleben. Ein junges Tier weiß instinktiv wie es zu Futter kommt. Das ist ein Argument für die relative Autonomie von Biologie und Soziologie.[24] Naturwissenschaften versuchen also statische, unwandelbare Beweise zu finden. Die Soziologie stößt hier an Grenzen, auch wenn einige Soziologen mit demselben Postulat zu argumentieren versuchen. Heute kann man den ‚sozialen Wandel' nicht mehr als statischen Begriff benutzen, sondern kann und muss auch Variable, Parameter und Faktoren miteinbeziehen. Das Beispiel Macht bei den Spiele-Modelle sei hier noch einmal stellvertretend genannt. Nicht statisch und eindimensional, sondern reziprok und mehrschichtig sind die Prozesse, die von Soziologen untersucht werden.

3. Der Begriff der Figuration

Exemplarisch stellt sich hier das Problem mit den Begriffen von Individuum und Gesellschaft. Der Mensch als Individuum durchläuft nicht nur einen Prozess oder eine Wandlung, er ist der Prozess! Er entwickelt sich. Aber der Terminus Individuum impliziert einen beziehungslosen, ganz auf sich allein gestellten, beinahe schon klinisch steril beschreibbaren Erwachsenen, der nie Kind war, der nie erwachsen wurde – der quasi zeitlos ist. Grund dafür ist, dass man den Begriff Individuum – paradoxerweise – als charakterisierbares Idealbild sieht, und das, wo es doch das Individuum ist, dass sich als unverwechselbares Einzelwesen von der Gruppe abhebt.[25] Deshalb stellt Elias ganz richtig fest:

---

[22] Vgl. Norbert Elias: a.a.O.: S.104.
[23] Vgl. ebd. S. 116
[24] Vgl. ebd. S. 115.
[25] Vgl. Norbert Elias: a.a.O.: S. 127f.

Als Ausgangspunkt für das Studium der Soziologie bedarf man offensichtlich eines Bildes von Menschen im Plural, einer Vielzahl von Menschen als relativ offener interdependenter Prozess.[26]

Denn wenn wir uns wiederum an die Spiel-Modell erinnern, stellen wir fest, dass dies bspw. natürlich auch schon für das Verhältnis zwischen Kindern und deren Macht auf Eltern bezogen werden kann. Erst wenn man das akzeptiert, kann man die Soziologie verstehen. Das Zusammenspiel aller Menschen, inklusive einem selbst, definiert erst Gesellschaft. Kurz: „[...] jeder Mensch [ist] ein Mensch unter anderen"[27].

Ausgehend von dieser Integration des Einzelnen, sich selbst eingeschlossen, muss man konstatieren, dass man Individuum und Gesellschaft nicht wirklich trennen kann. Sie sind, wenn auch auf unterschiedlichen Ebenen, eng und zwangsläufig miteinander verbunden. Um dieses Verhältnis zu beschreiben, hat Elias den Begriff der Figuration eingeführt, der auch bei den vorangegangenen Erläuterungen schon das ein oder andere Mal fiel.

> Der Begriff der „Figuration" dient dazu, ein einfaches begriffliches Werkzeug zu schaffen, mit dessen Hilfe man den gesellschaftlichen Zwang, so zu sprechen und zu denken, als ob „Individuum" und „Gesellschaft" zwei verschiedene und überdies auch noch antagonistische Figuren seien, zu lockern."[28]

Ohne Zweifel ist es Elias gelungen, diesen prägnanten und einfachen, dabei aber auch treffenden Begriff gekonnt zu etablieren. Wichtig ist, dass er den Menschen mit in die Begriffsbildung einbezieht. In seiner Universalität kann man mit dem Terminus problemlos komplexe soziologische Untersuchungsgegenstände, soziale Milieus oder sonstige Gruppen, wie beispielsweise eine Fußballmannschaft oder Kartenspieler[29] beschreiben. Figuration kann man somit aus relativ kleinen Gruppen, aber auch auf Millionen interdependenter Menschen bilden. Und weil sich Figurationen wandeln und verändern, sind sie kompatibel mit Gesellschaft und Individuum, die auch einem stetem Wandel unterliegen.

4. Verflechtungszusammenhänge – Probleme der sozialen Bindung

Ausgehend von den unterschiedlichsten Figurationen, erläutert Elias weiter qualitativ unterschiedliche Bindungen und die daraus entstehenden Verflechtungszusammenhänge. So bedürfen Menschen im Allgemeinen emotionaler Stimulanz durch andere. Mit anderen Worten: der Mensch ist nicht zum Alleinsein gemacht und sucht den Anschluss und Kontakt mit anderen. Diese affektiven Bindungen sind über individuelle Valenzen verankert. Dabei spielt es keine

---

[26] ebd. S. 131.
[27] ebd. S. 131.
[28] ebd. S. 141.
[29] Vgl. Norbert Elias: a.a.O.: S. 142

11

Rolle, ob es sich um eine große gesellschaftliche Einheit handelt oder lediglich um die Liebe zwischen zwei Personen.

Erweitert man den zu untersuchenden Rahmen vom Einzelnen auf die Gruppe, betreffen die soziologischen Aussagen meist Staaten oder Stämme. Selten wird über kleinere gesellschaftliche Einheiten gesprochen. Staatliche und berufliche Strukturen sind untrennbare Aspekte der Entwicklung eines gesellschaftlichen Funktionszusammenhangs, oder um den Begriff hier zu verwenden, bestimmter gesellschaftlicher Figurationen. Darunter lassen sich beispielsweise Absatzmärkte, Transportwege, Zölle, Verträge, Schutz vor Konkurrenz usw. nennen.[30] Gleichwohl sind es Sphären, die nebeneinander existieren und dennoch in Interdependenzketten zusammengefasst sind. Dabei werden Art und Anzahl der Interdependenzketten immer mehr, d.h., dass man heute als Individuum in immer mehr Ketten integriert ist, die für den Einzelnen unkontrollierbare Funktionszusammenhänge bilden:

> Eines der Zentralprobleme hochdifferenzierter Gesellschaften ist dementsprechend die wirksamere institutionelle Kontrolle aller integrierender und koordinierender gesellschaftlichen Positionen, die als solche unentbehrlich sind.[31]

Wie komplex diese Zusammenhänge sind, wurde bereits vorher schon bei den Mehrpersonenspielen auf mehreren Ebenen deutlich gemacht.

5. Der Wandel der Gesellschaft und die Soziologie

Abschließend sei noch ein Schlaglicht auf die „„Notwendigkeit' gesellschaftlicher Entwicklung"[32] geworfen. Die bisherige Entwicklung einer Gesellschaft impliziert unter Umständen, dass sie sich in eine Richtung weiterentwickelt und zwar linear in die Richtung, in der sie sich augenblicklich bewegt. Das muss aber nicht sein. Vielmehr muss man darauf achten, dass gesellschaftswissenschaftliche Studien nicht einem Wunschbild hinterher jagen, welches die Entwicklung linear so fortführt: Dabei ist die „Soziologie selbst […] von dem Wandel der Machtverhältnisse und vom Kampf der gesellschaftlichen Glaubenssysteme abhängig."[33] Um diese Quelle der Ungenauigkeit auszuschließen, muss sich derjenige, der soziologisch und gesellschaftswissenschaftlich arbeiten will, immer wieder selbst und das System, in und mit dem er arbeitet, hinterfragen. Das allerdings verlangt einen Akt der Distanzierung von der bestehenden Meinung, wie er beispielsweise bei der Bewältigung der allgemeinen Gesell-

---

[30] Vgl. Norbert Elias: a.a.O.: S. 154.
[31] Norbert Elias: a.a.O.: S. 159.
[32] Kapitelüberschrift Norbert Elias: a.a.O.:. NE S.175.
[33] Norbert Elias: a.a.O.: S. 168.

schaftsmeinung beim Übergang vom helio- zum geozentrischen Weltbild geschehen ist. Es wird also deutlich, dass hier teilweise große Mauern eingerissen werden müssen, und man damit rechnen muss, dass sich Themen in eine andere, eben nicht erwartete Richtung entwickeln.

Und trotz alle dem sind soziologische Modelle langfristiger Entwicklungsprozesse die Instrumente der soziologischen Diagnose und Erklärung. Nehmen wir beispielsweise Figurationsströme, die sagen, auf Ereignis A folgt Ereignis B, und dann zwangsläufig Ereignis C. Diese Ströme kann man in zwei verschiedenen Richtungen lesen, mit verschiedenen Interpretationsansätzen, was beziehungsweise welche Stufe was bewirkt hat.

> So erklärt es sich, daß man bei einer rückblickenden genetischen Untersuchung häufig mit einem hohen Grad von Gewissheit nachweisen kann, daß eine Figuration aus einer bestimmten früheren oder sogar aus einer Serienabfolge von früheren Figurationen eines bestimmten Typs hervorgegangen sein muß, ohne damit zugleich auch zu behaupten, daß diese früheren sich notwendigerweise in diese späteren verwandeln mußten. [34]

Bedauerlicherweise werden Figurationsströme häufig als Kausalitätenketten verstanden, was nicht ganz richtig ist. Es handelt sich vielmehr

> darum, dass Veränderungen von Figurationen aus Veränderungen von Figurationen zu erklären, Bewegungen aus Bewegungen, nicht aus einer „Ur-Sache", die sozusagen einen Anfang bildet und sich nicht bewegt. [35]

Der Begriff der Kausalität, der a priori schon gewisse Notwendigkeiten evoziert, ist also verwirrend und nicht präzise. Besser wäre es wohl, von der Wahrscheinlichkeit zu sprechen, die durch solche Figurationen und ihre damit verbunden Interdependenzketten, entstehen beziehungsweise entstanden sind.

6. Fazit

Norbert Elias hat mit seinem Werk *Was ist Soziologie?* eine grundlegende Arbeit verfasst, die es ermöglicht, die Komplexität gesellschaftlicher Verflechtungen darzustellen. Gleichzeitig gelingt es ihm mit dem Begriff der Figuration die Verbindung von Individuum und Gesellschaft ein für den soziologischen Wissenschaftsbetrieb wirkungsvolles Instrument zu entwickeln.

Als wichtigsten Punkt erscheint mir jedoch, dass Elias den Menschen nicht aus den Augen verliert. Es gelingt ihm, trotz der Verknüpfung unterschiedlicher Modelle und Methoden, immer wieder auf den eigentlichen Kern der Soziologie zurückzukehren. Unermüdlich weißt er

---

[34] Norbert Elias: a.a.O.: S. 179
[35] ebd. S. 180.

darauf hin, dass die soziologische Arbeit viel einfacher von Statten geht, wenn man sich immer wieder auf den Einzelnen, seine Entwicklung und sein Wesen sowie seiner Aufgabe als integraler Bestandteil einer Gesellschaft besinnt. Dann nämlich erschließen sich über die unterschiedlichen Figurationen die konkreten soziologischen Erkenntnisse aus den Zusammenhängen von Funktionen, Interdependenzen, Positionen, Gruppen und Individuen.

Gerade in Zeiten, in denen der Mensch zum Faktor wird, ist es ratsam auf Elias' Überlegungen zurückzugreifen. Denn obwohl das Werk die Soziologie auch als ernstzunehmende und anerkannte Wissenschaft darstellen wollte, ist es heute gleichzeitig ein Appell an sie, den Menschen nicht in der Masse anonymer Figurationen untergehen zu lassen.

Literaturverzeichnis

Elias, Norbert: Was ist Soziologie? Jubenta Verlag: Weinheim und München 2004.

Schäfers, Bernhard (Hg.): Grundbegriffe der Soziologie. Leske und Budrich: Opladen 1986 (=Uni-Taschenbücher; 1416).

15